Cy sensuit le liure du tresor de sapience le quel fit et composa Maistre iehan Jarson docteur a paris ou il ya de bonnes doctrines

O Uuerain roy de paradis quāt ie rameine a mon couraige et a ma memoire que tu es mon dieu Et q̄ tu mas cree par diuine puissance Et que ie ne scay se ie fys oncques chose qui fust digne destre presentee deuant toy Mon pouure cueur tremble de la paour de ta iustice Car ie scay et congnoiz q̄ iay mal use mon temps passe Or est il vray que en toutes les oeuures q̄ creature peut faire cele est la principale qui tend a bonne fin Mais pource q̄ au monde a plusieurs manieres de viure Et q̄ len a trouue tāt de diuerses doctrines et sciences que tout le monde si est plain descriptures et de liures en latin et en frācois Et en plusieurs autres langaiges qui parlent moult subtillemēt des vices Et des vertus de nostre seigneur et de plusieurs autres choses q̄ se ie vouloie tout charcher et estudier mon eage ne soffiroit pas a ce faire O sapience pardurable qui estes prince et seigneur du ciel et de la terre Et q̄ as en toy tout le tresor de toutes sciences Je te supplie de fin cueur et de souuerain de

sir q̃ de toutes ces escrip
tures tu me vueilles ex
traire vng petit liure ꝛ
vne petite briefue doctri
ne comme tu sces q̃l est
afaire Par laquelle tãt
comme mon ame ꝛ mon
corps seront conioints ẽ
semble ie me puisse dis
poser a toy aymer crai
dre et doubter et faire
chose q̃ te soit agreable
Affin que quant par ton
commandement mon a
me conuiẽdra partir de
ce monde Je puisse estre
participant de ta gloire
perdurable

Mon beau filz
les saintz ꝛ sai
tes de paradis
qui maintenãt sont glo
rieux au ciel ont este re
luisans ꝛ exemplaire au
monde comme le souleil
desquelz aulcuns ont es
te remplis et garniz de
bonnes vertus et gran
de perfection et ont vigo
reusement bataille con
tre les pechez et ont esle
ue leur cuer en moy par
parfaicte contẽplacion
desquelz se tu veulx ẽsuy
uir la vie et la doctrine
tu y trouueras les par
faictz enseignemens de
la vie espirituelle Mais
pource que ie vois q̃ tu
tendz et desires a venir
a lestat de perfection et
non pas a sciẽce mondai
ne en laquelle plusieurs
sont aueugles Je te don
neray vng don especial
comme memorial q̃ tu
porteras auec toy qui te
fera mener saincte vie ꝛ
deuote pour venir a bon
ne fin Tu dois sauoir
que le principal fonde

ment est de soy humily
er et craindre dieu Car
cest le commandement
de sapience Et quant tu
auras en toy paour Et
tu ameras et doubteras
dieu Je te enseigneray et
endoctrineray ce que tu
dois faire Et premiere
ment comment et en q̃l
estat len doibt mourir
Et apres comme tu pour
ras fouyr et delaisser pe
che Tiercement par quel
le maniere tu esleueras
ton ame en moy par fai
ctes meditacions Et sy
ainsi tu tu te veulx ocu
per tu auras paix en ce
monde et en moy repos
perdurable

O mon createur veri
tablement cest ce que ie
requiers et est ce en quoy
ie vouldroie user et finer
ma vie et non pas fai
re aultrement

A laduanture q̃
ce labour te se
ra au commen
cemẽt dur et aspre Mais
bien tost apres il te gri
efuera peu et le feras le
gerement et voulentiers
Et finablement p prẽ
dras grant delit et grãt
plaisir se tu continues ẽ
ton couraige Et pource
beau filz escoutes et en
tendz a moy et a mes pa
roles Car elles feront
plus de bien a ton ame
que toutes les richesses
du monde Ne prens pas
exemple a ceulx q̃ sont
repentans de leur bon
prouffit auxquelz deuo
cion est faillie Charite
refroidie et humilite Obedi

ence abatue et craīte de
dieu oubliee Et ne veul
lent entendre a leur sa
lut ne complaire a leur
createur Et au temps
auenir ilz en seront mes
chans et poures Et affi
que tu soies plus ardant
densuir ma doctrine Et
ce que ie tay promis en
seigner comment tu te
dois disposer a biē mou
rir Tu doibz sauoir q̃l
est ordonne a tout hom
me de receuoir vne fois
la mort corporelle Mais
a bien sauoir mourir est
auoir la consciēce necte
et soy bien disposer a es
tre a toute heure prest
et appareille de receuoir
la mort ē bon estat quāt
elle viendra Affin quel
le ne puisse venir si hasti
uement que la personne
ne soit toute preste de la

receuoir liement et pa
ciemment Car la mort
est aux bons fin de tous
maulx et porte et entree
de tous biens Mais on
trouue mainz religieux
au iourduy qui ont pas
se le pas de la premiere
mort Mais de la seconde
fois q̃ lame soit separee
dauec le corps ilz nē vou
droient point ouyr par
ler ne partir de ce mon
de pourtant que ilz nont
point aprins a mourir
Ilz ont gaste ⁊ follemēt
vse leur vie en paroles
vaines et mondaines en
ieux en rix et en divers
esbatemens Et aucune
fois en Ire en noise et ē
discencions lun auecq̃s
lautre Et quāt leure de
la mort viēt elle les tro
ue mal apareilles ⁊ mal
disposes pour bien mou

rir Et leur oste la dolen
te ame du corps Et la
meine aux tourmens et
a la peine perdurable
denfer

Or doncques main
tenant te souviegne de
ung homme qui est au
lict et a leure de la mort
Et faiz comme sil par
last a toy tout sur le
point de mourir

Quāt le disciple
ouyt celle exē
ple il print a
soustraire son cueur et
son entendement de tou
tes choses mondaines
Et tātost considera la
semblance de lomme q̄
tantost voulsit mourir
Lors lui vint une vision
quil veoit devāt lui ung
ieune iouvēcel qui estoit
sourprins du mal de la
mort et lui convint has
tivement mourir Et si
navoit quelque ordonnā
ce faicte pour son saulue
mēt Il se complaignoit
moult piteusement en
disant La paour ꝛ la dou
leur de la mort mont as
sailly et environne La
peine denfer si me fait
assault

Helas mon dieu
ꝛ mon createur
que ne mourus
ie la iournee que ie fus
ne Las le commencemēt
de ma vie fut en larmes
et en pleurs Et ma fin
est et sera en griefues
complaītes peines ꝛ dou
leurs O mort com
ment la memoire et la

souuenance de toy est a
mere et dure chose a ac
tendre ta venue Especi
allement a ceulx q̄ ont
les cuers iolis et gaiz
et qui aymēt les delices
et les esbas du monde
O mort commēt ta pre
sence et ta venue horri
ble est espouentable O
comme ieusse tard cuide
que ie deusse si tost mou
rir O faulce mort tu
mas pris inpourueu Tu
mas faulcemēt espie tu
mas couru sus en trap
son sans deffiāce Je me
aduise maintenāt mais
cest trop tart Jen bats
mes paulmes par dou
leur et par desesperance
en moy complaignant
et querant la magniere
comment ie pourroie es
chiuer la mort Mais ie
ne scay nul destroit ou
ie peusse fouyr pour es
chaper Je regarde de to9
costes mais ie ne voi per
sonne qui me puisse don
ner secours Car ie voy
de vray que cest chose de
terminee que mourir me
conuient Et ie ne men
puis eschapper Jay ouy
la voix de la mort q̄ ma
dit Tu es filz de mort ri
chesses ne amis charnelz
ne te peuent deliurer de
ma main Ta fin est ve
nue Il est ainsi ordonne
Il te fault acomplir O
mon vray dieu me conui
ent il si hastiuemēt mo
rir Et ne pourroit ceste
sentence estre rapellee
Me conuient il si hasti
uement departir de ces
tui monde O mort an
goisseuse Mort cruelle
sans pitie de mon aage

Ne me soys pas si cruel
le Ne me prens pas in
pourueu Donne moy vn
pou despace affin que ie
me puisse repētir du tēps
que iay perdu

Quāt le disciple
oupt le iouuen
cel aisi complai
dre il adressa a luy sa
parole et lui dit
Mon ami il me semble
que tu ne parles pas sa
gement Ne scez tu pas
que la mort va iustemēt
auant Et quelle nespar
gne personne Ne na pi
tie du ieune ne du viel
Cuides tu que la mort
doyue auoir seullement
ptie de toy et non de
nul aultre Et quelle no
sast entrer en ton corps

Ne scez tu pas que les
saintz prophetes et les a
postres Et moult daul
tres sainctes personnes
et deuotes sont mors q̃
estoient remplis de gra
ces et de vertus.

Je cuidoie q̃ tu
me reconfortas
ses mais tu me
desconfortes plus fort q̃
ie nestoie par deuāt Sa
chez de vray que ton lā
gaige me desplait com
bien que tu me dies ve
rite Car ceulx doyuent
bien estre appelles mal
eureux et foulz qui tous
iours viuent en peche et
qui en tous temps sont
dignes de dampnacion
et ne pensent a leur fin
na leurs derniers iours

Car ie ne pleure pas le
iugement de la mort Je
scay bien que morir me
fault Mais ie pleure a
plain le grant domma
ge que iauray de ce que
ie ne me suis appareil
le et ordonne devant la
mort quant ie le povoie
faire Je ne me plains
pas de la departie de ce
monde Mais ie plains
le temps que iay perdu
par tāt dannees q̃ sont
passees sans prouffit

Et comment ay
ie vescu Je me
suis forvoie de
la voie de verite Je puis
bien dire maintenāt q̃
ie suis alle par une tres
mauvaise voie Cest par
la voie diniquite et deper
dicion Hee vray dieu q̃
me vault maintenant
mon orgueil Quel prof
fit me fait maintenant
la vantance de mes pa
rens ne de mes richesses
Tout est passe plus tost
que lombre du soleil sy
tost que ie fus ne ie com
mence a mourir et ten
dre a la fin Je ne peuz
oncq̃s monstrer un tout
seul signe de grace ne
de vertu ne de quelconq̃
biē Mais iay tousiours
este environne de bōbās
et de peches Helas mon
esperāce et ma ioie ont
bien peu dure Car tout
ainsi est il de moy et de
ma vie come de fumee
qui est deboutee de vent
Et comme il est de la
pouldre que le vent chas
se puis ca puis dela Et
pour ceste cause suis ie
tout plain damertume et

et de griefues complain tes et mon cueur triste et dolent O vray dieu de paradis que ne suys ie en tel estat que iestoye au teps de ma force Et que iauoie si grande esperance de longuement viure Affin aumoins q̃ me peusse pourueoir contre les maulx qui maintenant me sont aduenus Je men gemissoie bien peu Je despendoie pourement et meschantement le temps q̃ est precieux en complaisant a mes volentes Jestoye habandonne a tous delictz Et a tout ce q̃ mon cuer desiroit Et auec ce menoie vie a mon apetit Or est le teps venu que ie suys en mal point comme le poisson qui est prins ē la rais Mon temps est passe iames ne peut estre recouvre Helas ie neux onques si petite espace de temps ne si petite heure que ne peusse biē fere aucun bien et aucun proufit espirituel qui mieulx me vaulsit pour le sauluement de mon ame que tous les biens terriens qui furent oncques creez Helas moy doulent ce nest pas de merueilles se iay la lerme a lueil et se iay douleur au cueur Car ie ne puis rapeller ne reuocquer ce qui est passe O dieu du ciel pourquoy ay ie tant attendu Et pourquoy me suis ie mis a non challoir Et que nay ie fait penitence de mes peches quant iauoie bien temps et espace Jay mail vescu

O cueur de mon ventre comment tu as biẽ cause de gemir et souspirer O vous qui me voiez en ma misere et en má douleur Consideres vous q̃ estes en la fleur de vr̃e ieunesse qui avez tant de temps ⁊ espace convenable Pour bien faire Je vous prie pour dieu regardes ma fin douloureuse et vo⁹ chastiez par aultrui Mectez vostre peril ẽ mon dommage desp̃des vostre ieunesse au service de dieu nostre seigneur affĩ que ne faces comme iay fait et q̃ ne soies deceuz ainsi que ie suis O belle ieunesse coẽ tay ie perdue O dieu de paradis ie me complais a toy de la misere q̃ ien dure Quant iestoie ieune ie haissoie tous ceulx qui me chastioient et enseignoient Je ne vouloie ouyr parler de doctrine ne de quelconcques enseignemens Ne ne tenoye compte de ce quon me disoit pour biẽ Et metoie tout a non chaloir Je despitoie toute discipline ie ne pouoie droit regarder ne escouter ceulx qui me reprenoient Mais mon cuer souffloit contre eux O dieu de paradis Or est venu le temps que ie suis cheu en la parfonde fosse ⁊ au lac de la mort Il me vaulsist mieulx ne avoir oncques este ne et me vaulsist mieulx que ie eusse este peri ⁊ estaĩt au ventre de ma mere et q̃ oncques ne fusses venu ẽ terre pource q̃ iay

este fol et follement des
pendu le temps qui mes
toit preste en cestui mon
de pour faire penitence
et acquerir merites en
uers dieu le pere

Lors le disciple
respondit Cest
chose vraie que
tous mourrons et tous
prons de vie a mort de
iour en iour ainsi que le
aue q̃ decourt tousiours
aual et ne retourne point
amont Mais dieu si ne
veult pas q̃ lame peris
se mais latrait a lui car
il scet que nostre fragili
te ne se peut adresser a
bien faire sans son aide
Or me tendz et faiz peni
tence pour les deffautes
du tẽps passe Et retour
ne a nostre seigneur car
il est doulx ⁊ misericors

Et se tu as bonne fin il
souffira pour ton saulue
ment

Quest ce que tu
me dis te semble
il que ie me doi
ue repentir Ne voys tu
pas que ie trauaille a la
mort Ne vois tu pas q̃
ie suis si espouẽte ⁊ trou
ble et ay tel horreur de
la mort Et si suis si des
traint de la mort que ie
ne scay que ie doy faire
Car tout ainsi et en la
maniere que la perdris
est qui est entre les ong
gles de lesparuier pas
mee de paour Aisi la pa
our de la mort ma oste
le sens et lentendement
que ie ne scai que dire ne
que ie puisse penser ne a
quelle chose ce soit fors

seulement comment ie
pourroie eschiuer le gri
ef et angoisseux pas de
la mort Et toutesfois ie
trauaille en vain Car
ie suis certain et asseu
re que ie ne puis eschap
per O comme est bien
eureux celluy qui fait pe
nitence dez le temps de
sa ieunesse Car lors elle
est bonne ⁊ seure Mais
qui actẽt iusques a la fĩ
de ses iours Je me doub
te quelle ne soit prouffi
table Helas moy dolẽt
pourquoy ay ie tant at
tendu a moy corriger et
faire penitence Jauoye
souuant bonne volente
Et pourpensoie de moy
amender Mais ie nẽ fai
soie riens Et le promet
toie souuent a dieu et a
mon confesseur Si le pẽ
soie a mon couraige et

que ie mamẽderoie maiz
ie nen mectoie rien a ex
cecussion O demain de
main tu as fait vne lon
gue tarce Jay actendu
de bien faire de demain
a demain tant que le lẽ
demain de la mort est
venu et me tient et aussi
le demain de ma damp
nacion Ne suis ie pas
doncques a plus grande
misere ou creature puis
se estre Nay ie pas biẽ
cause destre triste et de
sole ⁊ auoir le cuer mar
ri Car ie nay guerez es
te en cestui monde ⁊ suis
desia venu a ma fin Et
qui plꝰ est quant il mest
venu ⁊ suruenu aucunes
fortunes comment estre
prisonnier ẽ quelque pri
son ⁊ destroit ie me suis
souuent recommande a
dieu mon createur Et

fait veux en plusieurs ꝛ
diuers lieux et promiz y
aller tout nudz piez Et
le promectoie fermemēt
affin que dieu me voul
sit permectre que ie par
uenisse a la bonne fin
sans iames y renchoir
Et toutesfois moy mau
uais inique et nay pas
fait nacompli mes veux
ne mes voyages ainsy
que promis auoie de fai
re quant ie me suys tro
ue hors des perilz ou iel
toie cheu et me suis moc
que de mon createur Et
nay pas tenu compte de
les acomplir et ay mis
en ma pensee et en mon
couraige que de tout ce
ie me confesseroie ꝛ proie
a romme ou a sainct ia
ques pour et affin q̄ mes
ditz veux me fussent re
mis en aultre penitence

Et toutesfois iauoie bin
pouoir de les acomplir
Mais de mon faulx et
mauluaiz couraige espe
rant estre tousiours en
bonne force et vertu sās
penser a la mort et fin
de mes iours douloreux
nen ay riē fait Et tou
tefois ie nay point enco
re trente ans vescu en ce
monde ꝛ nay pas ēploie
vng seul iour au seruice
de mon createur ne ac
quis vne seulle heure ve
rite Si ē auois ie belle
auantage se ieusse vou
lu Helas cest la cause
q̄ me fait le cuer creuer
et que ie me plains si a
merement O vray dieu
de pitie O vray dieu de
paradis que ie serai hon
teux et esbahy quant ie
seray deuant toy et de
uant les benoitz saintz

au iour du iugemēt Et quant ie seray contrait par estroit mandement de rendre compte et reliqua de tous les maulx que iay faiz et de tous les biens que iay lesses a faire Helas helas que doy ie faire Et quel remede y pourray ie mettre Voici la mort q̃ me assault partir men conuient Mon ame a conge de laisser le corps sans nul respit Or entens a moy et soies certain q̃ iameroie mieulx maintenant que vne personne dist vn aue maria pour moy que auoir gaignes tous les tresors du monde O mon dieu mon createur quantz biens ay ie laisse a faire ē ma vie Helas comme rendray ie compte de toutes les heures que iay emploiez en choses vaines et de petite valeur Je deusses auoit prie aux estranges quilz priassent dieu pour moy la vierge marie et tous les saintz puis que moymesmes nen tenoie compte O vray dieu du ciel qui tant estes doulx et piteux aiez pitie de ce pouure pacient O vous mes amis ie voꝰ req̃ers tous ensemble que vous aies pitie de moy a ceste grant necessite Car ie suis priue de toute ioie et liesse

Mon ami ie voi bien q̃ tu es en grant douleur dont iay grāde compassion mais ie te prie pour dieu que tu me donnes

conseil comment et par
quelle magniere ie me
pourroie maintenir ⁊ go
uerner affin que ie puis
se eschiuer heure soudai
ne de la mort Et que ie
ne soie prins comme tu
as este

V mas fait
vne subtille q̄s
tion Car tu as
bien mestier de bon con
seil Toutesfois ie te con
seille et te auise que tu
aies souuent vraye ⁊ vo
luntaire contricion pure
et entiere confession ⁊ sa
tisfacion laboure ē ces
trois choses de tout ton
cueur et de tout ton pou
uoir tant que tu es ē ta
force et en ta ieunesse ⁊
fuyz toutes choses nuy
santes et contraires a
ton sauluement Soies
tousiours sus ta garde
et te maintiens en tel es
tat comme se tu deuoiz
au iourdui ou demai mo
rir Metz en ton ymagi
nation que ton ame soit
en purgatoire et par le
commandement de dieu
elle y doyue demourer
dix ans pour la purger
des peches Et que tu ne
la peuz conforter ne se
courir fors seullement ē
ceste annee presente par
telle maniere que se tu
nen faiz bien ton deuoir
elle y demourra les dix
ans Or entendz donc a
elle et considere la dou
leur ou elle est Et cōēt
elle est entre les ardans
chaleurs tourmentee
Escoute sa voix comme
elle se complaint a toy
et dit O mon trescher a
my donne secours a ta

poure ame Souuiengne
toy de ta poure ame en
chartree. Aies pitie de
moy et de ma grieue de
solacion. Et ne seuffre
pas que ie soie plus lon
guement en ceste doleur
et en ceste chartre obscu
re. Car ie nay a qui re
courir fors a toy et chas
cun me laisse languir ē
ceste flame doulourense

A laduanture q̃
ceste doctrine
me seroit prou
fitable si lauoie par es
perance ou se iestoie ē tel
estat comme tu es mais
combien que ces paroles
soient de bon conseil si
sont elles peu de proffit
a maintes gens pource
quilz ne veullent penser
a la departie du monde

mais ilz tournent loreil
le quant ilz en oyēt par
ler Telles gēs ont peux
et ne voiēt goute Mas
ilz cuident viure longue
mēt pource quilz ne dob
tent poīt la peine de la
mort Ilz ne font nulle
diligēce deulx pouruoir
deuant la mort ⁊ ne pen
sent point au grāt dom
mage qui leur en doibt
aduenir quant le messa
gier cest assauoir quant
le mal de la mort vient
a aulcuns a lors les a
mis charnelz viennent ē
uers luy et luy promet
tent ce quilz ne sceuent
et dient Tu nas garde
de mal Il ne te fault q̃
liesse Prens bon coura
ge en toy tu es encores
asses ieune et de forte
complexion Tiens toy
chaudement Et telles

paroles sont vaynes et sans prouffit Mais nul ne lui dit ta mort sapro che Tu doibz bien avoir cause de toy doutre car tu es en grãt peril Con fesse toy Pense a ton a me Chascun est medicin du corps mais nul ne se mesle de la pouure ame Lung dit que ce sont fie ures Lautre dit que cest de chaleur ou de froidu re qui le tient en la cou ree Ung autre viendra qui lui mectra la main au front ou le prendra par le bras et le confor tera en disant que tan tost sera en bon point Et nen scet riens se ce nest par deviner Et par ces te maniere la pouure a me est baratee Et pour certai les amis du corps sont ennemys de lame Car le douloureux qui languist est travaille a la mort et se met en ou bly et en negligence par telles folles paroles et promesses Car il aduiẽt souuẽt que le malade se griefue et sefforce de iour en iour et pense guerir et revenir en sãte mais il garde leure que tout deffault a ung coup Et ainsi est il sans auoys et sãs entẽdement Et rẽd sa poure ame Adonc vi ent le maligne esperit q̃ prent la poure ame et lẽ porte en enfer en tormẽt et en peine

Quant telz mes chãs et maleu reux sont prins

ou lac de la mort Et q̃ la maladie leur viēdra soubdainement et ilz se ront a leure de la mort toutes tribulacions pes tilences meschāsetes lui courront sus tout a vng cop Adonc crieront et di ront a dieu quilz les se coure maiz ilz ne seront pas ouys pourtant q̃lz nont pas voulu ouyr la doctrine de sapience ne croire bon conseil ⁊ pour ce en trouue len peu au iourduy qui soient feruz au cuer ne repentans ne qui se veullent corriger ne amender La malice du temps de maintenāt est si grande et charite est si petite que len trou ue peu de gens qui soiēt parfaiz ne parfaictemēt disposes a bien morir ne qui soient ardans en de

uocion ne si desirans de leur saluacion q̃lz voul sissent mourir auec ihe suscrist Et pource quilz ne actendent ne pensent a ceste fin ilz sont souēt surprins de la mort com me tu vois que ie suis et si tu veulx sauoir la cau se de ce peril qui tāt est commun par le monde qui tant fait perdre da mes ie le te diray

La premiere cau se si est Apetit desordonne dac querir honneur La secon de si est de porter a son corps trop grant faueur La tierce est dauoir aux biens mondaīs trop da mour La quarte est ē lo cupacion mondaine me ctre trop de labour

Ce sont les enseignemẽs
principaulx que tu peuz
auoir pour ton saulue
ment et estre deliure du
peril de ceste mort soub
daine et perilleuse entẽs
et retiens mon conseil
Premierement voy et
regarde ma doulente et
triste personne Souuiẽ
gne toy de lestat ou tu
me voiz Et le rameinez
souuent a memoire Re
garde ma douleur et tu
sentiras q̃ ma doctrine
te sera proffitable Car
tu ne dobteras pas seul
lement la mort mais la
desireras de bon cueur
comme la voye et le sen
tier par ou len va en pa
radis Ne pers iournee q̃
tu naies souuenance de
lestat ou tu me voys
Retiens diligemment
mes paroles et les gar
de bien en ton cueur car
toutes les douleurs que
tu me vois souffrir maĩ
tenant tu les souffriras
bien bref Et telle fin q̃
tu vois de moy telle tu
dois entendre de toy
Hier maduint et demaĩ
te aduiendra et pl9 tost
encores se croy ie que tu
ne cuides Car nul ne
scet le temps ne leure q̃
la mort viendra O com
me sont eureux ceulx q̃
tousiours sont prestz et
appareilles de receuoir
leur seigneur quãt il viẽ
dra Car pour verite ilz
trespasseront glorieuse
ment de ce monde Et q̃l
que peine quilz doiuent
endurer la mort corporel
le ne les ẽpeschera poĩt
de leur sauluemẽt Mais
las plus que las en quel

lieu penses tu que mon
esperit doyue estre ē cel
te nuit logie quant il se
ra party de mon corps
qui sera son hoste q̄ her
bergera auiourdui mon
ame Helas quelle voye t
quel chemin sera elle q̄
la receyuera en estrāge
pais O mon ame com
me tu seras ennuit deso
lee desconfortee forvoiee
et de toutes gens delin
quee Helas or ne troue
ras tu personne de ta fi
ance qui bien te face ne
qui te veulle conforter
Nul naura pitie ne com
passion de toy Donc iai
telle douleur et telle trist
tesse que les larmes me
coulēt par les yeulx ha
bondamment Et q̄ me
vault le plourer dicy en
auāt ne le plaindre Voy
cy leure q̄ lame me part
du corps Helas or voi ie
bien que ie ne puis plus
viure Voici la mort qui
maproche il est fait de
ma vie Voici mon der
nier iour Les mains me
roidissent la face me pa
list Mes yeulx se tour
nent et parfondissent en
la teste Hee dieux ie sēs
les pointures de la mort
par tout le corps qui ap
prouchēt mon poure cuer
O angoisseuse heure de
la mort O douleur mor
telle mon pouoir commē
ce a defaillir La bouche
me noircist La langue
me fault et mon alaine
Aussi ie ne voy plus gou
te Je commēce ia par pē
see en ymagination a
veoir lestat de laultre
monde O dieu quel dou
lent regart Las quelle
dure departie O belles

cruelles O larrons enne
mis noirs et horribles
et deffigures Je vo9 voi
bien que faictes vous cy
a si grant nombre Mes
piez vous Attendez vous
mon ame Elle istra tã
tost hors du corps La de
uez vous auoir La vou
les vous auoir La voulez
vous trainer ẽ ẽfer pour
la estre tourmentee per
durablemẽt O iuge dis
cret comme tu poisez a
lestroit poix mes defau
tes dont ie nen faisoye
compte Haa que main
tes personnes en font as
ses de telles et nen font
poĩt de conscĩẽce Et voy
cy la derniere sueur q̃
trempe tous mes mem
bres Nature est vaicue
et de tout abatue O coẽ
dure regardure de iuge
Il me sẽble que ie le voi

par la force de paour q̃
iay Adieu mes compa
gnons Adieu mes amis
ie men vois pour estre
constitue et mis au lieu
qui me sera ordonne par
le souuerain iuge Et ia
mes de la ne partiray
iusques a tant que tous
les peches que ie fis one
ques tant fussent grans
ou petis Helas le moĩ
dre tourment que iay a
souffrir en purgatoyre
surmonte toutes les pei
nes et douleurs mondai
nes Car plus seuffre et
endure vne ame en pur
gatoire dune seulle heu
re quelle ne pourroit sou
frir au monde en lespa
ce de cent ans Mais le
tourment q̃ plus tormẽ
te les ames que nul aul
tre Cest que ilz sont pri
ues de la benoicte face

de dieu Or te souuiengne de ceste doctrine Car ie tay lesse celt enseignement pour souuenance Adieu te commãt ie mẽ vois Tu voiz biẽ que la mort me haste aiez souuenãce de moy et des paroles que ie tay dictes Adieu ie rẽdz mon ame

Quant le disciple ouyt ceste voix et celle dure sentence Il sescria a haulte voix et commẽca a trembler de paour Et lors se complaint a nostre seigneur et dit O vray dieu de paradis or voy ie bien que ie ne puis longuemẽt demourer en ce monde las comme ceste creature q̃ iay veu mourir ma espouente et esbahy O sire misericors ie te rendz graces cent mille fois Et te prometz amẽdemẽt de ma vie James nul iour de ma vie ie neuz si parfaicte congnoissance des perilz de la mort comme iay maintenant et cuide certainement que ceste horrible et merueilleuse vision me fait grant profit a lame maintenãt ie voy biẽ de vray que nous nauons point de seure mãsion ca bas en terre Et pource des maintenant sans plus actendre une seulle heure ie me dispose de tout mon cueur damender ma vie Je suis si desconforte esbahy et espouente de celle memoyre de la mort que a pei ne puis respirer Helas q̃ feray ie doncq̃s quãt la mort sera presẽte Ostes ostes tantost la plume de mon lict Ostes le repoz de mon corps Se ie ne puis porter vne petite blessure Helas comment pourray ie porter les angoisses de la mort et la grant chaleur denfer Helas se ie fusse mort en tel estat ou se ie trespassoye chargie de mes peches le feu denfer prendroit bien en moy matiere Or me suis ie aduise que ie ne feray point mon ame damner mais la pouruoieray ẽ ceste briefue espace de temps Car ie donneray tãt de peine a souffrir a mon corps et sy mectray sy bonne diligence dacquester bonnes vert9 q̃ mon ame naura pas cause de soy desesperer a leure de ceste douloureuse mort Mais elle sera guerdonnee de repoz et de gloire perdurable O sauueur doulx et misericors ie te supplye du parfond du cueur que ne me veullez deliurer ne condempner Mais donne moy a souffrir sur terre tãt comme il te plaira Et ne veul les garder mes pechies iusques a la fin Mais en prens vengance ẽ ceste mortelle vie et natẽs pas a moy pugnir iusques apres la mort Car ie seroie perdu et auroie cause de moy desesperer Car le lieu que tu gardes pour les pecheurs si est trestant terrible et

plain de misere et de tor
ment que creature ne le
pourroit penser ne dire
O comme iay este fol
et mal aduise iusques a
maintenant quant iay
si peu pēse a la mort sou
daine et a celle peine de
purgatoire Or cognois
ie veritablement q̄ cest
grant sapience dacque
rir bonnes vertus et de
fouir les vices et peches
et de souuent pēser a la
mort Je suis aduise et a
moneste charitablemēt
de moy pourueoir et par
ce suis ie en grāt paour
et en grant doubtance
commēt et en quelle ma
niere me viendra assail
lir celle tāt merueilleu
se et tant amere mort

V doibs bien
tant que tu es
ieune et en ta
force trauailler Et nes
pargner point le corps
Car pour autre chose ne
fut il fait Et quant viē
dra a leure de la mort
ne te desespere poit com
ment quil soit Mais re
commande toy a la mi
sericorde de dieu Et te
metz du tout a sa volen
te et ordonnance affi q̄
tu ne te laisses cheoir en
desespoir Tu es ia mal
lement espouente soyez
de cueur pacient Quiers
et encherche les escriptu
res et tu trouueras la me
moire de la mort Le sa
ge dit ē son liure Quāt
vng hoē aura vescu mai
tes annees en grans li
esses et en esbatemens

Adonc lui doibt souenir
du temps de la mort q̃
saprouche laquelle mort
termine et fait cesser per
dre et finir ioyes mon
daines et corporelles et
doibt penser vn chascun
quil lui conuient morir
et rendre compte de tou
tes ses vanites et du biẽ
quil a laisse a faire ⁊ q̃l
en sera durement argue
et pugni Doncques aiez
en ta ieunesse souuenan
ce de ton createur auãt
que le temps daffliction
te surpreugne et auant
les oeuures desquelles
tu pourras estre triste
Aduise toy deuant ton
compte Et auant q̃ ton
corps face pouldre aussi
que ton esperit sen aille
a cellui qui le te donna
Et rendz graces et mer
cys a dieu de ton cueur
de ceste courtoisie que il
ta faite ⁊ demonstree la
quelle ne test pas souẽt
reuellee Et tu congnois
tras quil en ya beaucop
qui sont aueugles et q̃
cloent les yeulx afin q̃
ilz ne voient leur fin et
quilz naiẽt pas cause de
penser a leure quilz doi
uent mourir Ilz estoupẽt
leurs oreilles affin quilz
noient la verite Car ilz
nont cure destre gueris
ne medicines de leur pla
ye mortelle dequoy leur
perdicion ne leur damp
nacion ne peut tarder q̃
elle ne doiue briefuemẽt
venir Considere aussy
beau filz la grant mul
titude qui desia est per
due et dampnee par def
faulte dauiz de nauoyr
point pense a la mort

Et regarde quantz il ē
ya q̄ tu as veuz au mon
de en vie qui menoient
les grans boubans & es
tas qui estoient de grāt
puissance et de ta prou
chaine congnoissāce Et
si sont trespasses et mis
hors de ce monde Ilz y
sont alles deuant toy ē
bien peu de temps Et tu
es asses ieune encore Et
si te fault tout laissier
au dernier Or les regar
de et parle a eulx & faiz
comme se tu fusses ia ā
cien demande leur et ilz
te respondront et diront
en plorāt O comme est
bien eureux cellui qui se
pourvoit contre laduan
ture de la mort et qui se
tient et abstine de peche
faire et q̄ croit bon ton
conseil aussi q̄ est a tou
te heure dispose de recep
uoir la mort Or mectes
doncques en oubly tou
tes choses mondaines q̄
sont contraires a ton sa
lut Ordonne toy et ta
pareille pour aller & che
miner par le grant che
mi royal a la mort cor
porelle Voicy leure qui
saprouche de toy Et ne
sces le iour ne la iornee
quelle tassaudra ne com
bien elle est loig de toy
ou pres Et pource maī
ne ta vie si saincteme͂t
et tous tes faiz si ordon
nement que ta mort soit
bien euree ē tellē mani
ere que tu puisses venir
au lieu de la glorieuse
vie de paradis

Helas mon crea
teur coē serai ie
dispose a par
uenir a celle glorie

Et a celle fin que ie puisse finer mes iours en la maniere que tu mensei gnes pour vray ie cuide que cest chose impossible Car ia pcherche hault et bas par toutes les choses de ce monde et ne ay point trouue de repos Puis suis reuenu a moi mesmes en recueillant mes pensees mais elles sont muables comment les feulles de larbre que le vent demaine puiz ca puiz la Car elles me mainent aux marchies et aux plaidoiers tãtost aux grans digners ou len mẽge les gras lopins Tãtost apres a lordure de luxure dont ma char est enflambee dune orde et puant chaleur et mon cueur est honny dune orde et vilaine pensee Et ie me cuide deliurer et fu yr ie ne puis car le pl9 souuent reuient en moy aucune confusion

Qui ne resiste es desirs charnelz et est negligẽt au mouuement de son corps il se trouue si tres fort lie dune mauluay se coustume q̃ apres q̃ il sẽ veult retraire il ne peut Et pour ce quant tu voiz tes conseillers ve nir a toy ne consẽs poit a eulx mais retourne ẽ oraison ou en euure ma nuelle Et ne cesses poit iusques a tant quilz tay ent laisse Car se tu ne les combas biẽ tu seras vaincu Souiẽgne toy de monsieur saict anthoine.

comēt il batailla vail
lamment Il en est maī
tenant glorieux au ciel
et honnore par tout le
monde Prēs exemple a
luy et ne te laisse point
vaincre Car quant tu te
consēs a peche tu euures
en toy lentree des mau
uaiz esperiz pour toi pl9
fort tempter Et aussi tu
separes ta personne du
souuerain bien Car les
mauluaises pēsees sepa
rent lamour de dieu Et
le saint esperit sen fouit
et se depart de lame qui
est mauluaise

O Sire dieu tout
puissāt dieu de
paradis tresche
rement ie te cry mercy
Et maintenant iē oure
les secretz de moy et me
confesse a toy Car iay
este negligent au temps
passe de tenir mon cuer
purement et de bien con
fesser mes deffaultes Iē
ay laisse maintes par
leur ordure ⁊ par paour
et honte Et qui plus est
iay offendu ma coulpe
et nay poit gemy ne plo
re pour quelconques pe
ches Il ne pa nul a qui
ie naye seruy Et puys
maintenant estriuent ē
semble lequel deulx au
ra sur moy plus graut
puissāce et auctorite Tu
as le cuer petit maiz il
est auaricieux Tout le
monde ne luy souffiroit
pas Il na elles ne pies
Mais il nest leurier ny
oisel qui si tost soit trās
porte coēt il est Il fait

creatures noueles donc les vnes te plaisent vne fois tu les desires estre dune figure nouelle lau tre fois dune autre mai tenant ton cuer te mai ne en iherusalem et tan tost tu ten retourneras en espaigne Ne penses plus doresnauant a tel les choses Tu sces que ce est grant folie et nest ri ens Considere que mou rir te conuiet et ne sces ou ne quant ne commet Considere aussi ceulx q̃ sont trespasses q̃ main tenant seuffrent grans douleurs et peines pour leurs peches se dieu mai tenant leur donnoit q̃lz feussent au monde pour faire penitence ilz proi ent hastiuement par les monstiers et esglises et sagenoulleroient et lie ueroient leurs mains et leurs yeulx en hault en criant a dieu merci Et estendroient leurs corps sur terre en souspirant du parfont du cueur ius ques a tant quilz eussét pardon et misericorde de leurs peches Pense que se ton ame estoit es pei nes denfer comment elle regrecteroit le temps q̃ maintenant tu vses en telles vanites Conside re en toy mesmes que ẽ enfer les amel sont tour mentees sans esperance de pardon et sans auoir vng seul petit de repos Neantmoins se lamour de dieu ne te peut tenir aumoins te tiengne la paour de son iugement et les angoisses q̃ tu as a souffrir et les doleurs et peines du feu ardant les vers rongeās le souffre puāt horrible vision des ennemis dure et aspre lesquelles par aduēture tu souffriras se la misericorde de dieu ne ten substraict

MOn dieu mon aide mon confort mon reffuge Juge de mon corps et de mon ame Je te prie q̄ ta saincte misericorde q̄ tu ne veulles permectre ne souffrir que ie voie ne que iēdure ceste horrible et perpetuelle damnacion Et ne veullez iecter la sētēce cruelle sur moi Mais me donne volente cueur et couraige de emploper mes sēs espiritu elz et corporelz selon ton plaisir affi quil ne soit iour ne heure que ne sop es ocupe enuers top en bonnes oeuures

OR doncq̄s puis que tu desires a venir a la perfection de ceste vie espirituelle Tu te doiz retraper de toutes compagniez q̄ te pourront empescher Et a briefuemēt parler de toutes choses trāsitoires et mondaines tant que tu pourras Sauue tousiours la reuerence et obeissance de tes souuerains et de ceulx a q̄ tu dois obeir par raison Et espie lieu et temps q̄ tu te puisses retraire en aulcun lieu secret pour top occuper secretement es doctrines que ie tay donnees Et metz bonne diligence de toy garder de pecher Garde que ton cueur soit en toute purite Cloz ton sens et ton entendemēt et ferme la porte de ton cueur tellement que tes pensees ne puissent aller iusques es plaisances de ce monde Mais les retien affin q̃ elles soient contraintes deulx esleuer en haut es cieulx Car tu doibz sauoir q̃ entre les bonnes perfections q̃ le bon cheualier doibt auoir en ce monde cest purte de cuer et souueraine amour car cest celle qui plait plus a dieu Pource oste ton cuer de tout amour charnelle et pense a ton createur Et te repose en lui par bonne amour Peu de gens viennent a perfection pourtāt quilz ne veullent tenir le chemin ne acquerir la voye par ou on vient mais quant ilz sont amonnestes il leur desplait Puis a la fin de leur triste vie amoneste les de retourner a dieu car tu y es tenu se tu peuses que par tes paroles ilz cessēt de mal faire Monstre a tes oeuures aucune signifiance de biē Garde toy de vaine gloire et de la louenge mondaine Car tu te mectroys la hart au col Et pource quelque chose que tu faces pour toy ou pour aultruy faiz tout en bonne esperance Et en rendz graces a dieu Faiz q̃ ta memoire soit elleuee en hault par contemplacion de diuine re tribucion Et tendz tousiours de tout ton cueur a la gloire perdurable pour laquelle auoir tu as este fait et cree Faiz que toute ton ame et toute ta pensee soit a dieu Car cest la souueraine perfeccion que lame peut auoir tant comme elle est conioincte auecques le corps Metz toy ē paix de conscience et ne mect pōit ton estude en la beaulte ne en la facon de creature Oste ton cueur tant que tu pourras de toute chose mondayne et tacompaigne au souuerain bien q̄ iames ne te fauldra Cest icy vne briefue doctrine selon laquelle tu doibz viure car cest la somme de toute perfection Se tu estudiez ceste lecon et la metz en ton cueur tu ne pourras faillir a auoir la beatitude perdurable

Quāt le disciple eut entendu ceste lecon tāt profitable il se pensa quil se tiendroit de la en auāt en sa chambre solitairement Et renonceroit a toutes consolacions mondaines et fut du tout determine a faire ce q̄ sapience lui auoit ēseigne O roy celeste tes parolles sont moult doulces et delicieuses veritablement elles donnent commocions a mon cueur et telles que ie suis tout rauy ē ton amour Et me semble que dicy en auāt ie my maintiendray a laide de dieu

Et tãtost le disciple leua son ame a dieu par saincte contemplacion ẽ pensant grandement es choses dessus dictes Et a la fin il sendormist Et lors lui vint vne vision et region plaine de tenebres Et adont il se esueilla tout en tremblãt de paour et demanda q̃ cestoit Et il lui fut dit que cestoit le lieu ou les ames deuoient peine endurer les vngz pour purgacion les aultres par perpetuelle damnacion La voient ilz figures hydeuses des ennemis Et noyent riens fors q̃ les complaintes Et le disciple regardoit en hault des yeulx de lẽtẽdemẽt la iustice de dieu Et la se baignoit en gouttes de sueur q̃ lui couloient habondamment parmi son corps pour le grant horreur q̃l auoit Adonc congnut il que chascun estoit pugny selon ce q̃l auoit desseruy

Et premieremẽt les pillars et tous ceulx qui auoient robe et rancon ne leurs freres crestiens qui par gabelles et desloyalles extorcions ont apouuri le poure peuple Et aultres qui estoient nommes ypocrites qui pour le tẽps q̃lz viuoiẽt auoiẽt par dehors monstre semblance de deuocion Et en leurs cueurs estoient plains de felonnie et de vengance et souuent desiroient la mort

et dommage de leur pro
esme Ceulx la estoient
estachez au destroit Et
les chiēs denfer les mor
doient tousiours sans re
pos

APres te souuiē
gne des orguil
leux qui par ar
rogance ē ce monde vou
loient surmonter les au
tres auxqlz les ēnemis
fouloient les gorges en
tourment et marchoiēt
et alloiēt par dessꝰ eulx
pource quilz nauoiēt vou
lu que vaine gloire ⁊ la
louenge du monde

LEs yurongnes
et les gloutons
qui auoient ser
uy a leur ventre ⁊ faiz
les grans exces de boire
et de mengier estoyent
tousiours enrages et vl
loient comme chiens et
loupz mors de faim ⁊ de
soif Et la langue trait
te demandoiēt vne gou
te deaue pour estaindre
leur chaleur Et pres de
eulx estoiēt les ennemis
qui dedens leurs gorges
versoient plomp boull i
ant ⁊ souffre rouge et pu
ant Et leur conuenoit ē
durer ce terrible tormēt

APres estoiēt les
luxurieux qui
auoient demou
re ē leurs obstinacions
et mis leur cueur en a
mour charnelle hommes
et femmes lesquelz estoi
ent assaillis de serpens
de couleuures de scorpp
ons de crapaux enfles ⁊
enuenimes qui leur get
toient le venim iusques

au cueur du ventre Ilz
mordoient la terre dēser
pour la grant doleur q̃l
auoient Ceulx et celles
qui auoient este compai
gnons sacompaignoiēt
la ensemble en tourmēt
et mauldisoiēt lun lau
tre en disant Cest pour
toy que ie suis dampne
et liure a ceste peine

SUr tous les au
tres estoiēt tor
mētes les aua
ricieux Car ilz estoient
ē fosses parfondes et plai
nes de metal boulliant
esquelles ilz se baignoy
ent et sefforcoient dissir
dehors mais les bourre
aux denfer les reboutoi
ent trescruellement de
dans Et en cellui tour
ment estoiēt pugnis les

faulx iusticiers qui auoi
ent robe leurs seigneurs
Et les gens deglise qui
plus auoient entēdu au
temporel que a lespiritu
el Aussi les gens dauto
rite et les nobles qui a
uoient eu les biēs de les
glise lesq̃lz les deuoiēt
garder et deffendre

OR les taverni
ers et ceulx q̃
auoient iure et
regnie dieu et les saintz
Femmes gengleuses or
guilleuses et despiteuses
Et plusieurs faulx cres
tiens y estoient cruelle
ment pugniz et hurloiēt
comme bestes mues par
telle magniere q̃ cestoit
grāde affliction de veoir
leur grande chaleur Et
quant ilz regardoient

les dyables qui les tour
mentoient lesquelz auoi
ent les faces rouges en
flambeez comme fornai
ses ilz mauldissoient et
blasphemoient dieu du ci
el qui les auoit tous faiz
et crees pour la force de
tourment quilz enduroi
ent Tantost venoit une
voix sur eulx en manie
re de reprouche en disãt
Ou sont ceux q̃ au mon
de ont delicieusemẽt nor
rys leurs corps et ont a
compli leurs desirs char
nelz Ilz disoient Don
nons nous bon tẽps tãt
commẽt nostre ieunesse
dure Vous faisies les
grans exces des biens ⁊
richesses dont vous auies
grant habondãce Et ne
vous souuenoit des pou
ures Or est bien la char
rue tournee Car main
tenant il sont en gloy
re et vous en tourment
Lon vous portoit les hon
neurs dont vous vous glo
rifies Vous auies gros
ses paroles plaines dor
gueil et de vanites Et
iuries et pariuriez dieu
et tous ses saitz Or est
vostre vie finee et toute
vostre plaisance Il vous
conuient doresnauãt plo
rer et gemir

O Comme brief
ues et piteuses
plaisãces pour
auoir si longue desolaci
on et pour endurer si a
mere pugnicion pour por
ter si horrible affliction
Or nest il creature au
ciel ne en la terre de qui
nous ayons confort Que
nous prouffite ma nte

nant nostre orgueil & habondance de noz richesses mauluaisement acquises et iniustemēt No9 nauions nul repos & trauaillions pour amasser Et rauissions laultruy sans restituer Las nous assemblions peche sur peche dont auons maintenant la peine et le tourment qui no9 est demoure perdurablement He las nous souffrons peyne de mort et iamez ne mourrous O mon pere charnel pourquoy mengendras tu O ma mere pourquoy me laissas tu venir en terre vif que ne mestraignis tu en ton ventre Ieure soit mauldicte quant tu menfantas Voici la dure departie de nous et des bieneureux qui vont ē gloire

Et voicy les diables q̄ nous tourmentent & no9 mainent pēdre au gibet denfer Nous nous departons de dieu et perdons celle noble face et glorieuse vision dont les anges glorieux & les saintz sont guerdonnes Nous nous en allons en celle cruelle et mauldicte dānacion ē la compagnie des reprouues ennemys denfer pour estre puguis sans fin Car nous sommes mauldit de la bouche de dieu No9 disions que la vie diceulx estoit reprouuee et les auions en reprouche Et ilz ont maintenant la gloyre de paradis et leur part auecques les saintz du ciel O douleur O tristesse O gemissemēt de cuer O clameur perdurable qui tousiours durera et iames naura fin Et se ra tousiours renouellee Et ne sera oype ne es coutee de dieu Noz mi serables peulx maudiz et malheureux ne ver ront plus que douleurs O tristes cueurs poures et desoles gemissez ⁊ sou spires larmes courans aual les peulx agrant habondance pour ceste perdurable malediction et ceste grant mal ad uenture Helas Helas naurons no9 iames heu re de repos Car la sente ce diuine nous a oste et tolu toute esperāce mais aurons tousiours peine et greuance sans nulle fin et sans nul terme

O Juge souuerai ropal et perdu rable seigneur du ciel ⁊ de la terre pour may ceste vision qui est si terrible et si espouen table ma fort tolu mon sens et suis si trouble ē moy mesmes que ie ne scay que ie doy faire Mais pourtāt ie flechis mes genoulz en la terre et esliaues mes mains a toy ē te supliāt q̄ par ta saite clemence pitie et misericorde tu ne me li ures ne veulles condem ner a ce terrible et mer ueilleux tourment affin que ie nendure celle hor rible ⁊ celle intolerable peine Sil te semble q̄ ie doyþue auoir ne sous tenir aulcune penitence mondaine et corporelle

Je te suplie humblemēt de tout mon cuer que tu ne mespargnes point Faiz de moy a ton plaisir et a ta volente Donne a mon corps tribulacions maladies persecucions labeurs et peines tant que ie pourray porter ꝛ soustenir Ne iamez en nul iour de ma vie ie ne me plaindray de q̃lconcque tourment ou angoisse ou tribulacion q̃ me doybue advenir en ce monde mais porterai tout en bonne pacience ꝛ pour lamour de toy

OR me dis se tu te tiendras longuement en ce pourpos Jusques a la mort Se ie te donnoye en ceste heure presente maladie ou quelque aultre persecucion et tu eusses bonne pacience comme tu me prometz la peine que tu as veue te seroit moult legiere a soffrir Et se tu pouuoys larmoyer et plourer en ton cueur Et auoir grā de contricion et desplaisance de tes peches Et q̃ tu me amisses commēt fit la magdalene tu te deliureroyes de tous perilz de dampnacion Et ton ame seroit bien heureuse Car iames elle ne auroit quelconcque peine a endurer apres la mort

SIre ie te prie q̃ tu me dies ēcores vng mot

Je te demãde se nulz dy ceulx que iay veuz en si grant douleur ont este ẽ ceste perfection

Aulcuns en pa comme ie tay par auant dit qui ont este par aulcun temps de grande perfection Mais ilz ont eu au monde leur paiement Car ilz attribuoient a eulx les gloires mondaines et desiroient avoir la gloire espirituelle Et nulles graces nen rendoient a dieu Aultres sont sicomme leur sembloit qui faisoiẽt moult de biens mais ilz avoient pechies secretz lesq̃lz ilz caichoiẽt en leur conscience Et pour honte de stre de leurs confesseurs desprises ilz ne les ont poĩt confesses Et au iour de la resurrection generale ilz seront ẽ leur confession descouvers Aultres pluseurs y sont qui ont este obstines et ẽdurcis en leurs malices que se mille ans eussent vescu tousiours eussẽt leur malice continuee Et coẽ a toy leur avoye donne du bien et du mal

Regarde et considere ceste cite tant haulte et tant noblement paree dor et de precieuses pierres plus cleres que le soleil Voy les sieges cele

stiaulx nobles et enlu
mines desq̃lz tresbucha
et chut celle mauldicte
compaignie de lucifer q̃
devoient estre remplys
du nombre des bonnes
creatures Escoute les
beaulx chans quilz chã
tent louant et glorifiãt
dieu le pere sans cesser
ioyeusement Tous ceux
qui y sont sont dune vo
lente et dun desir de tou
iours faire feste La est
habondance de toutes
choses que cueur peut de
sirer La nya nulle tris
tesse toutes choses ysont
plaines de ioye et de ly
esse La ya perdurable
seurte Haa beau filz a
beuure vn peu tes amis
de ioye que tu vois estre
remplis de ioye et de ly
esse Maintenant est il
heure que tu te mectes es
choses celestielles Tour
ne les yeulx et voy celle
grande multitude com
ment il est vng grant
desir ilz sont tendus a
contempler la excellen
ce et noble face de la tri
nite en laquelle sont tou
tes figures Et sembla
blement pour la grant
delectacion qui leur ad
uient Car ilz voient la
grãt lumiere par laq̃l
le ilz sont tous ẽlumines
tellement que vng chas
cun en soy reluist autãt
ou plus que le soleil ma
teriel Regarde plus haut
et voy la royne des ci
eulx et comme elle est
aournee de gloire Et est
par vraye amour acor
dee en lamour de ihesus
Et aupres de luy assise

Puys apres voy la na
ture des anges qui sont
de lordre des cherubins
Et les benoictes ames
qui sont esleuees en leur
compagnie et ardans ē
lamour de dieu Et com
ment ilz sont tousiours
sans cesser raups et ten
dus a luy Et de plus ē
plus en soy desirant re
poser et aprouchier de lui
comme ē son propre lieu
et repos perdurable

Voy aussy com
me lordre des
cherubins et se
raphins regardēt habun
dance et plenitude de lu
miere diuine et la respā
dent aux aultres large
ment Comment apres
lordre des trosnes et des
beneurees qui sont ē leur
compaignie se reposent
en dieu Et dieu en eulx
ioyeusement Apres com
me la seconde ierarcie
est enluminee de la pre
miere et de la tierce Et
comment chascun a son
office propre Regardes
bien comment ceste grā
de compagnie qui est in
finie est ordonnee et no
blement aournee Dont
elles sont parees et deu
es Et comment ilz ont
tousiours et auront ioy
es merueilleuses et de
lectables auecques leur
createur au benoict roy
aulme de paradis

O Regard doulx
et gracieux plai
de toute beaul
te et de toute souveraine
plaisãce Regarde ẽcore
les apostres qui sont les
principaulx amis de di
eu commẽt et en quelle
maniere ilz sont noble
ment assis sus les glori
eux sieges du iugement
O comment ilz ont grã
de et souveraine puissã
ce Car ilz ont pouoir de
iuger et de donner sentẽ
ce diffinitiue Voy et re
garde ẽ apres les saicts
& glorieux martirs com
ment ilz sont beaulx et
clers et reluysans et en
lumines de couleur ver
meille Puys apres re
garde les grãdes plaies
et les blessures que ilz
ont endure sur terre Et
regarde comment elles
aparent luisantes & cle
res comme le souleil
Considere puys apres
et voi les benoitz confes
seurs desqlz pssẽt rays
semblans feu Avecques
eulx sont les saintes a
mes quilz ont converti
es ca ius en la terre par
leurs bonnes predicaci
ons Et tous ensemble
rendent louẽges a dieu

OR regarde en
apres la noble
compagnie des
vierges qui sont blãchez
nettes et pures Escoutes
leurs chansons plaines
de melodies quelles chã
tent devant la trinite
au royaume de paradis

Et par ceste magniere peuz scauoir comme toute la court du ciel est habondant en la doulceur diuine et replie de ioye et merueilleuse richesse Ceste compaignie q̃ est celestielle dune volēte ⁊ dun souuerai desir font esbatemens et menent feste deuāt leur segneur pour lui faire reuerence et honneur O comme bien heureuse est celle cite ou il y a tousiours solēnite O comme ioyeuse court est celle ou il nya griefuete ne douleur O comme bien heureuse est lame qui est digne destre apellee pour estre a si noble ⁊ glorieuse compagnie Pour vray elle sera noblement et honnorablement conduicte deuant le souuerain roy pour recepuoir ē son chef la couronne de gloire et estre apellee dame ⁊ royne a iames sans fin Et la ymera dieu plus que tu ne saurois penser Et par ceste amour elle sera conioincte a luy par vne souueraine plaisance Et pource elle sera esiouye de tous ses desirs

Sire veritablement Je croy se la beaulte de toutes creatures q̃ sont et seront estoit en vng corps assēblee tu les surmonterois et serois pl9 delectable a veoir et regarder Et pource sil te plaisoit que par vn seul mouuement ie te peussez veoir de loeil corporel il

me sembleroit que ie se
roie bien heure Et tou
te ma vie te vouldroye
aymer

Veulx tu que ie
descende du ciel
et de la dextre
de dieu mon pere pour
toy singulieremēt Sou
uiengne toy de la paro
le que ie dis a sainct tho
mas mon apostre Be
noitz seront ceulx q̄ croi
ront en moy et point ne
me auront veu Voy le
temps auquel tu doibz
combatre et auquel tu
doibz labourer pour ga
gner ton souper Pense
maintenant a celle glo
rieuse compaignie Voy
comment ilz sont guer
donnes et payez de leur
souper Considere aussi

la clarte de leur visage
qui souloient estre mes
gres et chetifz de ieuner
et de grandes abstinen
ces faire Et des larmes
qui leur couloient aual
les yeulx On ne leur di
ra plus vilennie Ilz ne
seront plus emprisonnes
Ne iames ilz nauront
tribulacions ne aduersi
tes ne quelconques tris
tesses Plus ne leur con
uiendra les lieux secretz
querir pour la paour de
leurs ennemis Leurs ves
temens ne seront plꝰ de
frise ne de buriau Ilz se
ront de telle gloire rem
plis en tel honeur coron
nes et en si grāt excelē
ce ꝛ dignite esleuez a tou
iours maiz en leur gloy
re et ioye et si assurés q̄
engin ne entendemēt ne
le pourroit penser

O vous prices celestielz
O enfans de dieu souverai
O compaignons de divi
ne nature maintenant
sont voz faces cleres de
parfaicte ioie Tousiours
vous fait beau veoir por
ter chapeaulx de fin or
excellentement reluisans
clers en la face plaisans
en vestemens melodieux
en chans et en louenges
O quelle grande liesse
est de ouir telles chansons
en louant le roy de gloi
re en disant Benediction
clarte sapience grace lou
enge vertu et force soient
a dieu qui regne a tous
iours mais sans fin

Or escoutes enco
res trops motz
de parfaicte ioie
qui dit Benoicte soit
leure le temps et la sai
son que pour noz peches
feismes satisfacion Be
noicte soit leure le temps
et le iour que le doux ihe
sus nous print en amour
Or considere donc mainte
nant le royaulme glori
eux plain de tant de deli
ces Voy comme le desir
de chascun est acomply

O Sire qui sces
et voiz toutes
choses passees
et celles qui sont encore
advenir Je vouldroie bi
en scavoir se apres le iu
gement leur louier sera
point augmente en riens
Je le demande pourtant
que leur ioye et leur lies
se est telle

IE te respondz que quãt ilz auront leur corps ilz seront sept foys plus reluisans que nest le soleil et riens ne leur sera impossible Car le corps ẽ ung mouuement sera la ou lesperit desirera Et pource peuz tu veoir que leur louyer en sera greigneur et leur gloire multipliee Or ten souuiengne affin que tu puisses a leur gloire paruenir a laquelle tu verras leur biẽ leur ioie et leur perdurable repos q̃ oncques oeil ne vit ne corps humain ne peut ymaginer Je tay monstre ceste doctrine Et pourtant as tu besoig de toy aduiser Car encore ne scez tu pas se tu seras du nombre des saulues On voit souuent aduenir q̃ vne personne sera par aulcun temps deuote et en ferme propos Et biẽ tost apres elle retourne a peche et a mauluaise vie Et puis rien ne lui vault ce bien que deuãt auoit fait Ne vois tu pas souuent larbre charge de grant habondance de fleurs q̃ se deuroiẽt conuertir en fruict Vng vent vient soudainemẽt qui soufflera larbre que riens ny demourra Tu scees que la fin loue loeuure Faiz tousiours ce q̃ tu feras en bonne entencion et tu ne pourras iames faillir Plus ne tẽ dis pour le present

L Amour souueraine de mon ame est que sil te plaisoit de ceste presente heure q̃ iusques a leure de la mort ieusse la sapience de salomon La force de sanson La beaulte de absalon La perfection de toutes les bonnes creatures qui furent oncq̃s Et les melodies de to9 istrumẽs qui sont Pour certain ie les occuperoie nuyt et iour pour toy locr car tu mas parfaictement monstre comme ie pouroye en toy viure perdurablemẽt si ẽ moy ne tient Mais a ce que ie puisse a mon derrain iour en ton amour perseuerer Et que par aucun vent de temptacion ie ne perde le fruit de mon labeur Je te suplie q̃ tous iours me soyes en ayde Et que auec toy a celle glorieuse compaignie ie te puisse veoir en la bien euree felicite de ton royaulme de paradis perdurable Amen

Deo Gracias

Cy finist le tresor de sapience

www.ingramcontent.com/pod-product-compliance
Lightning Source LLC
LaVergne TN
LVHW012010160826
845678LV00002B/760

* 9 7 8 2 3 2 9 6 6 1 8 4 1 *